dtv
premium

Fergus Bourke

# Die irische Seele

Herausgegeben von
Bettina Lemke

Deutscher Taschenbuch Verlag

Originalausgabe
September 2002
2. Auflage Januar 2003

www.dtv.de

Umschlagkonzept: Balk & Brumshagen
Umschlagfoto und sämtliche Fotografien: © Fergus Bourke, Galway, Irland
Satz: Oreos GmbH, Waakirchen
Gesetzt aus der Janson Antiqua
Druck und Bindung: Appl, Wemding
Gedruckt auf säurefreiem, chlorfrei gebleichtem Papier
Printed in Germany · ISBN 3-423-24322-8

*Vorwort*

Irland, die »grüne Smaragdinsel«, ist ein facettenreiches Land. Karstige Berge, wilde Bäche, weite Moore, klare Seen, einsame Täler, zerklüftete Felsen und das Meer prägen die einzigartige Landschaft, die durch das beständig wechselnde Wetter stets in ein anderes Licht, in immer neue Schattierungen getaucht ist und zu innerer Einkehr und Stille inspiriert.
Der irische Meisterfotograf Fergus Bourke präsentiert in diesem Bildband ein Kaleidoskop irischer Impressionen aus Vergangenheit und Gegenwart. Sein Irland ist nicht das Irland der Hochglanz-Tourismusbroschüren, es ist vielmehr voller Melancholie, tiefsinnig, kontrastreich und gleichzeitig durch und durch verzaubert, ein Land voller Poesie und Magie. Die Gesichter des Landes haben sich in den letzten Jahren im Zuge des wirtschaftlichen Aufschwungs und des enormen Wandels, der damit einhergeht, stark verändert. Und trotzdem findet man neben dem immer »moderner« und nüchterner werdenden Irland auch heute noch die Stimmungen, den Charakter der Landschaften und Menschen, die Bourke in seinen Bildern eingefangen hat.
Den eindrucksvollen Fotos sind Zitate, Gedichte, Reisenotizen und Geschichten bekannter und weniger bekannter Autoren gegenübergestellt. Diese vielfältigen Stimmen eröffnen einen liebevollen, manchmal schwärmerischen, dann wieder schmerzlichen oder humorvollen Blick auf die faszinierende Insel und seine Bewohner und bieten einen feinsinnigen Einblick in einen Ausschnitt der irischen Seele.

*Bettina Lemke*

## *Das Geheimnis Amergins*

Ich bin der Wind, der auf die See atmet
ich bin die Woge des Meeres
ich bin das Rauschen der Wellen
ich bin der Ochse der sieben Schlachten
ich bin der Geier auf dem Felsen
ich bin ein Strahl der Sonne
ich bin die Schönste der Pflanzen
ich bin ein wilder Eber an Kühnheit
ich bin ein Lachs im Wasser
ich bin ein See in der Ebene
ich bin ein Wort der Weisheit
ich bin die Lanzenspitze in der Schlacht
ich bin der Gott, der im Haupte das Feuer schafft.

Wer schleudert Licht in die Versammlung auf dem Berge?
Wer kündet das Alter des Mondes?
Wer macht kund die Stelle, wo die Sonne kauert,
wenn nicht ich?

*Amergin war einer der sagenhaften Fürsten der Milesier, die Irland in vorchristlicher Zeit kolonisierten.*

*Der Schrei des Hirsches*

Ich erhebe mich heute
durch die Kraft des Himmels:
Licht der Sonne,
Strahlen des Mondes,
Herrlichkeit des Feuers,
Geschwindigkeit des Blitzes,
Schnelligkeit des Windes,
Tiefe der See,
Festigkeit der Erde,
Härte von Fels.
Ich erhebe mich heute
durch Gottes Macht, mich zu führen.

*Auszug aus einem Hymnus aus dem 8. Jahrhundert, den der Heilige Patrick (372–461) sang, als er sich im Wald in einem Hinterhalt befand, den der König Loeguire ihm und seinen Mönchen gelegt hatte, um ihn an der Verbreitung der Glaubensbotschaft in Tara zu hindern. Den Auflauernden schien es daraufhin, als seien Patrick und seine Gefährten ein Rudel Rotwild.*

Die keltische Weisheit wusste, dass die Natur beseelt ist und einen eigenen Geist besitzt. Berge haben eine große Seele voller Erinnerung. Ein Berg wacht über eine Landschaft und lockt ihren Sinn zum Horizont. Bäche und Flüsse rasten nie; sie sind unermüdliche Nomaden, die weder Form noch Ort für sich beanspruchen. Steine und Felder bewohnen eine meditative Reglosigkeit und scheinen allen Wünschen gegenüber immun zu sein. Die Natur ist von unaufhörlichem Gebet umhüllt. Anders als wir scheint sie nicht unter der Trennung oder Distanz zu leiden, die das Denken bedingt. Die Natur scheint nie von ihrer eigenen Gegenwart abgeschnitten zu sein. Sie lebt ununterbrochen in der Umarmung ihrer eigenen Einigkeit. Vielleicht hat sie, ohne dass wir es wissen, Mitleid mit uns Heimatlosen und Zerstreuten. Ohne Zweifel weiß sie unseren rastlosen Geist zu beruhigen, wenn wir uns nur dem Schweigen und der Stille ihrer Umarmung anvertrauen.

*John O'Donohue*

Und wer es vermag, der vernimmt in dieser immerwährend vom offenen Atlantik hereinströmenden Frische den singenden Schall der Schwerter und Schilde, der Opfer- und Heldenlieder, die einst hier erklangen. Über der weiten, machtvollen Landschaft scheint es zu schimmern von alter und junger Poeterei – mir fällt kein besseres Wort ein. Ich weiß keine Landschaft irgendwo zu nennen, die so voll ungeborener und schon geborener Gedichte und Geschichten und Gesänge sich dehnt und atmet, ja leise vor sich hin zu summen und zu singen scheint, wie die Berge und die blühenden Ebenen, die spiegelnden Meereswinkel, die Hecken und Haine um die Sligo Bay – man muss nur richtig hinhören und sich ein wenig Zeit lassen und auf den ewigen Wind lauschen, der in den alten Bäumen wühlt und flüstert.

*A. E. Johann*

*All Tag hör ich im Schwall der Wasser*

All Tag hör ich im Schwall der Wasser,
Wie es klagt,
Traurig wie die Möwe, wenn sie
Einsam jagt
Und hört, was Wind dem Wasser
Eintönig sagt.

Die grau und rauen Winde tönen,
Wo ich bin.
Es liegt das Tosen vieler Wasser
Mir im Sinn.
All Tag, all Nacht hör ich sie strömen
Her und hin.

*James Joyce*

Man sagt von Schottland, es sei das Land der Hexen,
von der Bretagne, sie sei das Land der Toten; von Irland
lässt sich sagen, es sei das Land der Elfen.

*Padraic Colum*

Vor langer Zeit beherrschte das ganze Land der Grafschaft Kerry ein wunderschöner junger und guter König. Sein Name war O'Donoghue. Die größten Baumeister und Zauberer der Welt hatten ihm auf hohen Bergen ein Schloss erbaut, das nicht seinesgleichen hatte. Die Wände waren aus purem Golde, die Türen und Tore aus Kristall, das Dach aus festem Morgenrot. In seinem Garten wurde es niemals Winter, und Bäume aus Indien und Arabien blühten da und Blumen, die niemals verwelkten.
So lebte König O'Donoghue sehr glücklich. Aber eines Tages kam ihm die Laune, den großen Stein, welcher den See in seinem Garten schloss, wegzuheben, um seinen Rittern und Edelfrauen seine große Kraft zu zeigen. Aber kaum hatte er den Stein weggehoben, als sich der See auf das Land stürzte und den größten Teil der Grafschaft Kerry überschwemmte und viele hunderttausend Menschen vergrub und die schönsten Fluren, die sich sonst dort ausbreiteten, bedeckte; denn der See im Garten des Königs war ein verzauberter See und grundlos. So entstanden die Seen von Killarney, das Wunder der Welt, der »Stolz Irlands«.
Die Insel der Hirsche, die Insel der Eichen, die sich aus ihrem Schoße erheben und aussehen wie volle Blumenkörbe, zeigen noch heute, wie schön das Land gewesen sein muss, das von den Wellen des verzauberten Sees bedeckt wurde.

König O'Donoghue, der Gute, konnte sich über seinen Leichtsinn nicht beruhigen, verzweifelte und warf sich in die Fluten. Aber die Elfen, die im See von Killarney wohnen, fingen ihn in ihren Armen auf und suchten ihn zu trösten.
Der junge gute wunderschöne König gefiel ihnen so sehr, dass sie ihn gerne zum Elfenkönig gemacht hätten. Aber das durften sie nicht, solange er ihnen nicht beweisen konnte, dass ihm die Menschen vergeben hatten, und dieses konnte er nur durch die Liebe eines schönen unschuldigen Mädchens beweisen.
Jeden Maimorgen stieg nun König O'Donoghue herauf und umritt die schönen Ufer des Killarneysees und suchte ein Mädchen, das schön und unschuldig wäre und ihn liebte. Er fand keines und kehrte auf seinem weißen Rosse traurig in den See zurück.

*Moritz Hartmann*

*Die Liebenden von Aran*

Zeitlose Wellen, gesiebtes Licht, gebrochenes Glas,
Sie kamen allseitig blendend in die Felsen herein,
Sie kamen glitzernd und siebend von beiden Amerikas

Um Aran zu besitzen. Oder war es Aran das kam,
Mit weiten Felsenarmen die Flut zu umschlingen
Die sich mit Ebbe hingab, mit sanftem Anprall?

Begrenzte die See das Land, oder das Land die See?
Ein jedes fand im Aufschlag der Wellen neue Bedeutung.
Die See brach sich am Land und ward sie selbst.

*Seamus Heaney*

O Donall og, wenn du übers Meer fährst, vergiss mich nicht, entschließe dich, mich mitzunehmen. In mir hast du eine Liebste für Schönwetter und Markttage. Mit mir hältst du in der Nacht die Tochter des Königs von Griechenland in deinen Armen.
Spät letzte Nacht redete der Hund von dir, der Vogel zwitscherte von dir tief im Moor. Du bist wie ein einsamer Vogel im Wald, und gewiss warst du ohne die rechte Gefährtin, ehe du mich gefunden hast.
Du hast mir etwas versprochen, und du hast mich belogen.
Du hast mir gesagt, noch ehe ich da sein würde, kämst du zu der Stelle, an der die Schafe weiden. Ich pfiff und hundert Mal habe ich nach dir gerufen. Ich habe nichts dort gefunden als ein blutendes Lamm.
Du hast mir etwas versprochen, das gewiss für dich schwer zu bekommen ist.
Ein Schiff aus Gold mit einem silbernen Mast, zwölf Landstädte und in jeder ein Markt, ein schöner weißer Hof an der Küste. Du hast mir Dinge versprochen, die es nicht gibt. Du wolltest mir Handschuhe schenken aus der Haut von Fischen. Du wolltest mir Schuhe schenken aus der Haut von Vögeln, ein Kleid aus dem Fell der wertvollsten Robbe, die sich in Irland findet.
O Donall og, es wäre besser, du nähmest mich zur Geliebten und nicht eine hochwohlgeborene stolze, verschwenderische Dame:
Ich würde deine Kühe melken, ich wäre dir eine Hilfe in allem, und gerietest du in Bedrängnis – gewiss würde ich dich retten. Ach Liebster, es macht nicht der Hunger, es macht nicht, dass ich zu wenig esse, trinke und schlafe, dass ich mager geworden bin und mein Leben verkürzt wurde.

Die Liebe zu einem jungen Mann macht, dass ich langsam vergehe.
Am frühen Morgen sah ich ihn, er kam auf der Straße daher zu Pferde.
Er kam nicht zu mir, er beachtete mich nicht einmal, und auf dem Weg heim weinte ich, was ich weinen kann.
Wenn ich zu der Quelle der Einsamkeit gehe, setze ich mich und bedenke all meinen Kummer. Ich sehe die ganze Welt, und es fehlt darin der junge Mann, dessen Haar matt glänzt wie Bernstein.
Es war an jenem Sonntag, dass ich dir meine Liebe schenkte, dass ich dir alles gab, was ich auf dieser Welt besitze.
Es war an jenem Sonntag, am letzten Sonntag vor Ostern.
Ach ja, Mutter, gib mich ihm, gib ihm alles, was du hast auf der Welt, mach dich auf, geh und bettle um Almosen. Komm nie zurück. Du brauchst dich nicht mehr um mich kümmern.
Meine Mutter hieß mich, nicht mit dir zu reden, weder heute noch morgen, noch am Sonntag. Eine schlechte Zeit hat sie gewählt, um mir das zu sagen.
Jemand schloss die Tür erst, nachdem die Räuber schon alles fortgeschleppt hatten aus diesem Haus.
Mein Herz ist so schwarz wie die Schlehen oder wie die Kohle, die der Schmied braucht, wie der Schuhabdruck auf den weißen Brettern der Diele. Du warst es, der Dunkelheit über mein Leben warf.
Du hast mir den Osten genommen, du hast mir den Westen genommen, du hast mir genommen, was vor mir und was hinter mir lag, du hast mir den Mond genommen, du hast mir die Sonne genommen, und groß ist meine Furcht, dass du mich auch noch von Gott trennen wirst.

*Notiert von Lady Gregory auf den Aran Islands*

Am besten gebe ich hier einen kurzen Bericht darüber, wie wir auf unserer Insel lebten, als ich jung war, besonders da jene Welt vergangen ist und niemand außer ein paar alten Leuten sich noch an sie erinnert. Was die Häuser betrifft, in denen wir zu meiner Jugendzeit lebten, so waren sie untereinander verschieden, ebenso wie in anderen Orten. Einige stachen durch ihre Schmuckheit unter den übrigen hervor, andere wieder waren elende Hütten. Ein Teil der Häuser war nur zehn mal acht Fuß groß. Andere waren größer; die größten waren fünfzehn oder zwanzig Fuß lang. Das Haus wurde durch einen Geschirrschrank, der quer zu der Längswand stand, in zwei Räume geteilt. Der Schrank reichte bis zur Mitte des Fußbodens und traf dort mit einer hölzernen Trennwand zusammen. In dem hinteren Teil des Hauses standen zwei Betten. Unter diesen Betten wurden die Kartoffeln aufbewahrt. Zwischen den beiden Betten, an der Giebelwand, stand eine große Truhe. Auf der anderen Seite der Trennwand, das war die Küchenseite, verbrachte die Familie den ganzen Tag oder einen Teil des Tages, manchmal mochten es zehn Menschen sein. Gegen die Trennwand war ein Hühnerstall gebaut, und daneben saß eine brütende Henne in einem alten Kochtopf. Des Nachts standen ein paar Kühe in diesem Raum, ein paar Kälber, der Esel, der Hund war an der Wand angekettet oder lief frei im Haus umher. War die Familie, die in dem Hause lebte, sehr zahlreich, so befand sich in diesem Raum noch ein Schrankbett oder ein Lager auf dem Boden. Die Großeltern verbrachten die Nacht in dem Schrankbett neben der Feuerstelle. Die alte, kurze Tonpfeife brannte unentwegt, und wenn sie beide noch lebten, so waren es zwei Pfeifen. Sie hatten ein Bündel Strohhalme zum Anzünden der Pfeife. Bis zum Morgen schwelte ein gutes Torffeuer. Jedesmal, wenn die Alten aufwachten, holten sie

Feuer aus dem Kamin und zogen an der Pfeife. Wenn die Großmutter noch lebte, so streckte der Großvater den Arm hinüber und gab ihr mit dem Strohhalm Feuer. Dann zog der Rauch aus den beiden alten Pfeifen den Kamin hinauf, man hätte denken können, das Bett des alten Paares sei ein Dampfschiff, wenn sie so mit aller Macht qualmten.
Vor dem Bett lagen ausgestreckt zwei oder drei Hunde. Am unteren Ende des Raumes, mit dem Kopf zur Wand, standen die Kuh oder die Kühe, ein oder zwei Kälber durften frei in der Küche herumlaufen, oder sie lagen vor dem Kamin, die Schnauze dem Feuer zugekehrt. Den Kühen gegenüber war der Esel festgebunden, und eine Katze, vielleicht mit ein paar Jungen, saß am Kaminwinkel. Der Rest des Hausrates wurde für die Nacht unter dem Pfostenbett verstaut. Dieses Bett war mehr als zwei Fuß vom Boden entfernt, es war aus Holz oder aus Eisen. Ein Teil der Häuser hatte keine Trennwand, in diesen stand in einer Ecke ein Pfostenbett, in der anderen Ecke war ein Lager auf dem Boden. Der Geschirrschrank stand an der Längs- oder an der Giebelwand. In jedem Haus standen zwei oder drei Fässer mit Fisch. Und neben all den anderen Tieren liefen noch ein oder mehrere Lieblingslämmchen im Hause herum.
Diese Häuser waren aus Stein, mit Lehm verschmiert, die meisten waren sehr grob gebaut, man baute sehr schnell, und jeder im Dorf legte auch mit Hand an. Die Dächer waren mit Schilf oder Binsen gedeckt, die man über eine Lage dicker Rasenstücke legte. Diese Dächer wären haltbar genug gewesen, wenn die Hühner sie in Ruhe gelassen hätten, aber da war nichts zu machen. Sobald die Binsen anfingen zu verrotten und man Würmer darin finden konnte, hätte selbst ein Mann mit einem Gewehr die Hühner nicht weghalten können. Sie kratzten auf den Dächern her-

um und bauten Nester dort. Dann fing es im Hause an zu tröpfeln, und das Wasser, das herunterkam, war sehr schmutzig, denn es war mit Ruß gemischt. Die Hennen machten ihre Nester so tief in die Binsen hinein, dass die Frauen sie manchmal nicht finden konnten, denn die brütenden Hennen folgten manchmal nicht einmal, wenn man zum Fressen lockte. Die kleinen Mädchen brachten manchmal einen Hut oder eine Mütze voll Eier von den Dächern herunter. Auch die Kinder, die nach den Eiern suchten, brachten das Dachstroh in Unordnung. Es war so gut wie ein Tag auf dem Jahrmarkt, wenn man zwei Frauen zuhörte, deren Häuser aneinander stießen und die sich um die Eier stritten.

Die besseren Häuser waren zehn bis zwölf Fuß breit und zwanzig bis fünfundzwanzig Fuß lang. Sie hatten eine Anrichte und einen Schrank, die im rechten Winkel zueinander standen und den hinteren Teil des Hauses noch einmal in zwei Räume trennten. In diesen Häusern standen zwei große Pfostenbetten. Sie waren ebenso gedeckt wie die kleinen Häuser, aber die Hühner hatten es mit den kleinen Häusern leichter, weil sie niedriger waren. Aber ich erinnere mich noch an einen komischen Vorfall in einem der größeren Häuser, der auch mit den Hennen zusammenhing. Etwas Ähnliches ist niemals in einem der kleinen Häuser geschehen. Die Familie in diesem Hause war vollzählig um den Abendbrottisch versammelt. Sie hatten ein reichliches Mahl von Kartoffeln, Fisch und Milch vor sich stehen. Alle Zähne waren damit beschäftigt, diese Dinge zu vertilgen. Der Hausherr saß am Kopf des Tisches, einen hölzernen Becher voll Milch vor sich. Er hatte gerade die Hand auf den Teller gesenkt, um sich ein Stück Fisch zu angeln, als er etwas in den Becher fallen sah. Er schaute hinein, ein Knäuel versank

gerade in der Milch. Sie mussten die Feuerzange holen, um das Ding herauszuholen, niemand hatte die geringste Ahnung, was es sein mochte.

»Es ist ein Kükchen«, sagte die Hausfrau, »wo zum Teufel ist es wohl hergekommen?«

Der Hausherr sagte: »Das verdammte Ding, was es auch immer sein mag, hat dich schnell genug um den Verstand gebracht. Wo in aller Welt soll ein solches Ding in deinem Haus wohl herkommen?«

Die Tischrunde wurde immer verrückter, und der Himmel weiß, wie der Abend noch geendet hätte, wenn nicht ein anderes Küken lebhaft strampelnd auf die Kartoffeln gefallen wäre.

»Um Himmels willen«, rief die Hausfrau, »wo kommen sie nur her?«

»Jedenfalls nicht aus der Hölle«, sagte der Hausherr, »das kannst du doch wohl sehen. Es ist schon ein Trost, dass sie von oben kommen.«

Ein Junge am unteren Ende des Tisches sah zu den Dachbalken empor und sah, wie der Wind und die Sonne hineindrangen.

»Der Teufel soll's holen«, sagte er zu seinem Vater, »das Haus hat ein Loch, komm her, dann wirst du es sehen.«

Als der Hausherr das Loch sah, sagte er: »Ich wünschte, der Satan fegte alle Hennen und Küken und Eier in die See.«

»Der Herr möge dir sein Ohr verschließen«, sagte seine Frau. Als sie das Loch untersuchten, um es zu schließen, fanden sie die Henne und noch zehn Küken.

*Tomás O'Crohan*

Lausche dem Wind aus den Bergen, bis die Wasser sich verlaufen.

*Irisches Sprichwort*

Obwohl ihre Zugehörigkeit still und gewiss ist, lässt sich doch auch nicht leugnen, dass die Natur an ihren einen Ort gekettet ist. Dies kann die Sehnsucht in ihrem Herzen nur vertiefen. Ein kleiner Vogel landet und putzt sich eine Minute lang auf einem wuchtigen Felsblock, den das Eis vor Tausenden von Jahren in einer Ecke eines Feldes zurückließ. Das Wunder des Fluges bedeutet für den Vogel größte Freiheit; *er* kann seiner Sehnsucht überallhin folgen. Die Reglosigkeit des Steins ist makellos, doch sie bedeutet auch, dass er sich um keinen Zentimeter von seinem tausendjährigen Standort fortbewegen kann. Er erfreut sich einer absoluten Zugehörigkeit, doch wenn er sich nach einem Ortswechsel sehnt, bleibt ihm nichts anderes übrig, als von der Rückkehr des Eises zu träumen.

*John O'Donohue*

*Entbietung*

Über den wogengemusterten Grund des Meeres,
über den weiten, sonnverbrannten Grat der Welt
heiße ich die Winde dich suchen.
Ich heiße sie dir zurufen
spät und früh
einen Namen, den du einst liebtest;
ich heiße sie dir bringen
Träume und wundersame Einbildungen und Schlaf.

*Ella Young*

Das eigentliche Erbe der Iren ist diese Vertrautheit mit zarten und zauberischen Dingen, das Ohr für die Musik der Schöpfung, die Gabe, von alledem etwas aussprechen zu können. Und Eire, das Irland von heute, das nach tausend Jahren unsäglicher Drangsale und Leiden seine Freiheit wiedererlangt hat, zeigt in seinem Wappen nicht das Schwert seiner Rebellen gegen fremde Gewalt, sondern die goldene Harfe seiner Barden und Dichter.

*Padraic Colum*

*Die Seeinsel von Innisfree*

Ich will aufstehn und gehn jetzt, und gehn nach Innisfree,
Will eine Hütte bauen aus Lehm dort klein und schmal,
Wo ich mir Bienen halte, neun Reihen Bohnen zieh,
Und will dort ganz allein sein im bienenlauten Tal.

Ich werd dort Frieden haben, der in langsamen Tropfen fällt,
Tropft von des Morgens Schleier zum Lied, das die Grille anschlug,
Die Nacht ist voller Schimmer, und purpurn des Mittags Zelt,
Und der Abend erfüllt von des Hänflings Flug.

Ich will aufstehn und gehn jetzt; denn ich hör tagaus, tagein
Seewasser zum Strand hin lecken mit weichem Murmelmund;
Wenn ich auf der Straße stehe, auf grauem Pflasterstein,
Hör ich es tief im Herzensgrund.

*William Butler Yeats*

*Es ist ein Wind, der keinen Namen hat*

Wenn der Tag dunkelt,
wenn Zwielicht erwacht,
wenn Tautropfen tagen,
wenn Stille träumt ...
hör ich einen Wind
klagen, klagen
bei Tag und bei Nacht.

Was ist der Wind,
den ich hör klagen
bei Tag und bei Nacht,
den rufenden Wind?
Wenn der Tag dunkelt,
wenn Zwielicht erwacht,
wenn Tautropfen tagen?

*Fiona Macleod*

*Raffertys Vision des Todes*

Ich sah ein Bild letzte Nacht zwischen Schlaf und Wachen. Eine Gestalt stand da neben mir, dünn, elend, traurig und sorgenvoll, den Schatten der Nacht auf dem Gesicht. Ihre Rippen bogen sich wie der Boden eines Rätsels, ihre Nase war so dünn, dass man sie hätte durch ein Nadelöhr stecken können, die Schulter hart und scharf wie zerschnittener Tabak, der Kopf dunkel und buschig wie die Kuppe eines Hügels. Und es gibt nichts, womit ich die Finger vergleichen könnte. Kein Fleisch hing auf den armen Knochen, in der Hand trug die Gestalt einen welken Stab, und sie sah mir ins Gesicht ...
Der Tod ist ein Räuber, er rafft dahin Könige, Prinzen und Edelleute, er nimmt mit sich den Großen, den Jungen, den Weisen. Er packt sie vor allen Leuten an der Kehle. Seht euch jenen an, der gestern noch gut auf den Beinen und stark war, der über Stein, Mauer, Graben und Schlucht springen konnte. Der am Abend durch die Straßen ging, liegt jetzt am Morgen schon unter der Erde.
Es ist traurig für ihn, dass er sich hat verlocken lassen von den Versuchungen dieser Welt, nichts davon wird er mitnehmen können, und was würde er auch noch erfahren, wenn er weitere tausend Jahre lebte, nicht mehr als man erfährt, wenn man kurz beim Nachbarn hereinschaut und gleich zurückkommt.
Wenn es ans Sterben geht, sei nicht dumpf. Knie nieder, reib dich an der Erde, denke an all die Taten, für die du verantwortlich bist und dass du reisen wirst zu den Wiesen der Toten.

*Notiert von Lady Gregory auf den Aran Islands*

*Vom Graben*

Zwischen Finger und Daumen
Halte ich die stämmige Feder sturmklar wie ein Gewehr.

Wenn's unter meinem Fenster sauber und raspelnd klingt,
Als ob ein Spaten in kieseligen Boden dringt,
Ist es mein Vater, der gräbt. Ich schaue hin

Bis sein wehes Kreuz zwischen den Blumenbeeten
Tief sich neigt und zwanzig Jahre entfernt wieder auftaucht,
Rhythmisch sich bückend zwischen Kartoffelfurchen
Wo er damals grub.

Der klobige Stiefel schmiegte sich an den Spatenschaft,
Den nutzte die Innenseite des Knies als sicheren Hebel.
Er entwurzelte hochgewachsenes Kraut, versenkte tief
das glänzende Blatt
Um neue Kartoffeln zu verstreuen, wir lasen sie auf
Und liebten ihre kühle Härte in den Händen.

Herrje, der Alte konnte mit dem Spaten umgehen.
Genau wie sein Alter.

Mein Großvater stach mehr Torf an einem Tag
Als irgendein andrer im Toner-Moor.
Einmal brachte ich ihm eine Flasche Milch,
Liederlich mit Papier verkorkt. Er richtete sich auf
Und trank sie, um dann sofort wieder dreinzuhaun,
Aus der Grasnarbe Stücke zu kerben, zu schneiden und über die Schulter
Zu hieven, wieder und wieder sich bückend
Nach dem guten Torf. So grub er.

Der kalte Duft von Kartoffelhumus, das Glucksen und Klatschen
Von sumpfigem Torf, ein Spatenblatt mit seinen kurzen Schlägen
Durch lebendige Wurzeln, das mag in meinem Kopf erwachen,
Doch um ein Mann zu werden, wie sie waren, hab ich keinen Spaten.

Zwischen Finger und Daumen
Halte ich die stämmige Feder.
Damit werde ich graben.

*Seamus Heaney*

## *Tage*

Die Tage meines Lebens
kommen und gehen.

Der eine ist ein schwarzes Tal,
aufsteigend zu den blauen Ziegenweiden
auf den Kronen ferner Hügel.
Ich höre das Fallen des Wassers
und das Flüstern der Farnzungen,
und mehr noch höre ich
die Stille.

Der eine ist ein Mond,
verzerrt, kalt –
ein Fenster ohne Licht.
Der Regen narbt das Felsenantlitz.
Die Birken werfen ihre Totheit
in die See.

Der eine ist eine Wolke von Möwen
über einem Pflug.
Die sonnenvermählte Luft
ist angefüllt mit ihren Schwingen
und ihrem Kreischen.

Langsam, langsam
bricht das Wiesenland
in tiefe, rote Furchen.

Die Tage meines Lebens
kommen und gehen.

*Joseph Campbell*

Aber nie fühlte ich mich in einem Lande gleich in den ersten drei, vier Tagen so zu Hause, wie in Irland.

*Jacob Venedey*

Das Wetter, wie die Bewohner, hat einen akuten Charakter, es bewegt sich in schärferen, unvermittelteren Gegensätzen; der Himmel ist wie ein irisches Frauengesicht, Regen und Sonnenschein folgen sich auch da plötzlich und unerwartet, aber für die graue englische Langeweile ist kein Platz.

*Friedrich Engels*

Zwar ist Irland klein,
aber kein Ire glaubt das wirklich.

*Colm Tóibín*

Nördlich von Galway lag der Bereich von Connemara, eine Gegend, die zu schildern oder malen man nicht versuchen sollte. Sie sehen heißt die reinste Essenz schmecken, einen Tropfen, herausdestilliert aus allen anderen irischen Landschaften. Es ist die harte Kernsubstanz Irlands, kein verhätscheltes Paradies wie Killarney, sondern ein Abgrund des Schweigens, herausgegraben aus dem Schoß der Berge, ein Ort souveräner Zurückgezogenheit und Selbstgenügsamkeit, der einem fast die eigene Identität raubt. Die Sägespitzen der Twelve Bens füllen die eine Hälfte des Himmels, die brütende Masse des Maamturk die andere, während Wolkenschatten langsam über ihre fühllosen Spalten ziehen wie seidene Tücher, über das Antlitz von Göttern gelegt.

Irland beginnt mit dem Land, dem A und O aller Dinge hier – eine gletschernarbige alte Schönheit voller Anmut und Größe, moosgrün wie ein heiliger Brunnen. Es ist die Heimstätte alter Helden, ein Resonanzboden für Märchen, ein Ort, an dem nichts vergessen worden ist. Es ist auch ein Land der Stimmen, die von nichts anderem reden als von Irland, von seiner Geschichte und den Menschen, die es hervorgebracht hat.
Die menschliche Stimme – ohne die Krücke der Elektrizität – ist immer noch die subtilste Macht im Lande, und trotz ihrer Gedämpftheit kann nichts sie zum Schweigen bringen.

*Laurie Lee*

Wo auch immer ich mich aufhielt in Irland – dies war das Geheimnis seines Zaubers, dass das Land lächelte unter Wolken von Schwermut.

*A. E. Johann*

Der Regen ist hier absolut, großartig und erschreckend. Diesen Regen schlechtes Wetter zu nennen, ist so unangemessen, wie es unangemessen ist, den brennenden Sonnenschein schönes Wetter zu nennen.
Man kann diesen Regen schlechtes Wetter nennen, aber er ist es nicht. Er ist einfach Wetter, und Wetter ist Unwetter. Nachdrücklich erinnert er daran, dass sein Element das Wasser ist, fallendes Wasser. Und Wasser ist hart ... Und wieviel Wasser sammelt sich über viertausend Kilometern Ozean, Wasser, das sich freut, endlich Menschen, endlich Häuser, endlich festes Land erreicht zu haben, nachdem es so lange nur ins Wasser, nur in sich selbst fiel. Kann es dem Regen schließlich Spaß machen, nur immer ins Wasser zu fallen?

*Heinrich Böll*

Die kraftvolle Schwermut der irischen Landschaften, Klippen und Berge hat die Bewohner geprägt, scheinbar widersprüchlich geprägt: fromm und zugleich aufgeklärt, oft derb, aber mit feinem Witz, bäurisch, aber mit jenem überlegenen Intellekt, der die meisten Besucher vom Festland kleinlaut werden lässt.

*Max Schmid und Hans-Christian Oeser*

*Sag einfach Paddy zu mir*

Die Legenden um Irlands Heilige sind unerschöpflich.
Eine davon gilt St. Brendan, Patron der Diözese Kerry. 448 geboren, soll er mit dreizehn Mönchen auf einer Fahrt, die sieben Jahre gedauert hat, Amerika erreicht haben und auch von dort wohlbehalten zurückgekehrt sein.
Diesem Christenmenschen und seinen Maaten bin ich auf der Spur ...
Am seenahen Fuß des in Nebel gehüllten Brandon Mountain, an der Stelle, wo die Fahrt begann und geendet haben soll, stoße ich auf eine Karte und auf ein Modell des Bootes, auf dem der Heilige und seine Begleiter sich eingeschifft haben sollen.
Die Grafik markiert die Seeroute und ihre *stepping stones* nach der Beschreibung von St. Brendan, als da sind: die Hebriden, die Färöer-Inseln, Island, Grönland, Neufundland und ein Stück Küste südlich davon.
Das Modell des Bootes, grün oxidiert, ein Nachen mit Segel eher, lässt mich schaudern, besonders wenn ich nach links schaue, wo das Meer anbrandet, und zwar gewalttätig, obschon es heute nur schwach weht.
Einen hölzernen Rahmen – *a wooden frame* – soll das Schiffchen gehabt haben, von Lederriemen verstärkt, von Flachs zusammengehalten und mit Wollfett abgedichtet – »with flax and protected by wool grease«, steht da.
Nach vierzehntägigem Fasten auf Brandon Mountain sind die vierzehn Mönche mit ihrem geistlichen Kapitän in See gestochen und gesund und wohlbehalten zurückgekehrt – mag das glauben, wer's glauben will ...

Während ich spüre, dass meine Zweifel an der geglückten 5000-Kilometer-Überseefahrt des Heiligen Brendan und der Seinen über das Nordmeer unüberwindlich sind, allein so menschlicher Notdürfte wegen wie Bevorratung, Wasser und Schlafgelegenheit auf einer ebenso beengten wie zerbrechlichen Nussschale, schlägt der Atlantik tief unten, Welle auf Welle, seine nassen Pranken in das schmale Fjord, von dem aus die Reise gestartet sein soll. Gleichzeitig ist zu erkennen, wie hoch die Flut an dieser Küste steigen kann, nämlich bis zur abgedunkelten Linie des Felsens, also gut zehn Meter höher als derzeit.
Mit diesem Bötchen auf das wilde Meer, und das noch auf der Route, die am stürmischsten ist, die nördliche, und gar bis Amerika?
In meine Skepsis tönt eine bellende Stimme. Sie kommt aus dem Mund eines Mannes, den ich auf über achtzig schätze und der mir fest in die Augen schaut – was ich hier täte und triebe?
Er wartet meine Antwort allerdings nicht ab, sondern lädt mich umgehend zu einem Tee in sein Haus ein, keine fünf Minuten Fußweg entfernt. Bis dahin hat er mich ziemlich umfassend in die Hauptstationen seiner Biografie eingeführt.
Er heißt Patrick Cotton, ist 86 Jahre alt, hat 8 Kinder und 22 Enkelkinder, von denen die Hälfte ausgewandert ist. In seiner Jugend war er Straßenarbeiter in England, kehrte zurück und heiratete. Seither bewirtschaftet er eine kleine Farm, allein, nachdem seine Frau – Mary Cotton – vor zwanzig Jahren gestorben ist. Seitdem sorge sein Sohn für

ihn – der da. Er zeigt auf einen etwa fünfzigjährigen Treckerfahrer, der gerade in den Hof einbiegt, die Hand zum freundlichen Gruß erhebt, aber draußen bleibt. Dann bugsiert mich der Alte – »Sag einfach Paddy zu mir« – ins Haus und verheißt mir einen Tee. Ich habe das untrügliche Gefühl, dass daraus nichts wird, ohne sagen zu können, warum.

An der Wand jede Menge von stark kolorierten Jesus- und blauweißen Maria-Bildern, auf dem Kühlschrank eine angegessene Schnitte Brot, Milchkleckse auf dem Tisch, alte Eierschalen neben ungeöffneter Post, die Schränke sind geöffnet.

Nachdem Paddy Wasser aufgesetzt hat, erfahre ich, dass er etliche Kühe und Schafe hat, zweimal in Dublin war und im Fernsehen am liebsten Cowboyfilme sieht, vor allem, »wenn darin Leute mit irischem Namen auftauchen«.

Das alles gibt er in bellendem Ton von sich, wie Menschen, die seit langem schlecht hören.

Als das aufgesetzte Wasser nach einer halben Stunde immer noch nicht erhitzt ist, steht der Alte zögernd auf, guckt in einen Kasten an der Wand und sagt: »Mal wieder kein Strom.« Dann macht er es sich auf dem heruntergesessenen Sofa gemütlich und kommt endlich auf seine Anfangsfrage zurück - was mich denn hierhergetrieben habe?

Da begehe ich den Fehler und offenbare Patrick Cotton meine Zweifel: Ist der Heilige Brendan denn nun wirklich über den Ozean nach Amerika geschippert? Der 86-jährige japst nach Luft.

Drei Stunden später, in Stockfinsternis und ohne dass ich in dieser Zeit auch nur ein einziges Wort gesagt hätte, werde ich händeschüttelnd verabschiedet.
Nun aber in genauer Kenntnis, zu welcher Tageszeit und mit welchen Segenswünschen für die Zurückgebliebenen St. Brendan eineinhalb Jahrtausende zuvor von der irischen Küste abgesegelt ist; welchen Kurs die vierzehn genommen haben – Hebriden, Färöer-Inseln, Island, Grönland und Neufundland; wie viele Vaterunser auf der Reise gebetet worden sind (1622) und dass der Heilige, »fast wie Jesus«, seine Mannschaft mit wenig Brot und Früchten bei Kräften gehalten, den haushohen Wogen mit dem Kreuz getrotzt und Boot und Insassen sicher ans Ziel und zurück gesteuert hat. »I think, five, six thousand miles about«, bellt ein strahlender Patrick Cotton seinen letzten Satz so laut wie seinen ersten.
Jetzt weiß ich es genau.
Aber auch, dass ich Paddy nicht vergessen werde. Er war es, der mir eine Ahnung gab von einem irischen Typus, über den ich gerade las und den ich für so gut wie ausgestorben gehalten hatte.

*Ralph Giordano*

Ein Mann setzte sich zu mir an den Tisch und sprach mich an. Kein Problem, meinte der Mann, wenn es sein müsse, könne er auch Englisch mit mir sprechen. Ob ich denn Englisch verstünde? Ja, das tat ich, und kurz darauf wusste ich, dass er Angus hieß und 17 Jahre lang Fischer gewesen war, dass er nie lesen gelernt hatte, dass die See rings um die Insel die gefährlichste See der Welt sei und dass er folglich Glück gehabt habe, denn er habe auch nie schwimmen gelernt, und dann seien 17 Jahre Makrelen-, Rockfish- und Pollock-Fischerei ein ganz schönes Risiko, wenngleich man, wenn das *curragh* in der Brandung kenterte, in dieser See selbst als Schwimmer nicht die geringste Chance habe.
Ein curragh? Das sind Boote, die wir früher selbst gemacht haben, aus Spanten von hellem Holz und Segeltuch, mit Teer bestrichen, du wirst sie schon noch sehen ... Durch die Stille, die im Raum hing, weil der Fernseher noch schwieg, hörte ich den dünnen scharfen Klang einer Kirchenglocke. Sieben Uhr, heilige Messe, sagte mein neuer Freund und streckte sieben Finger in die Höhe und sagte es noch einmal, nun aber auf Gälisch, *seacht*, und ich trat hinaus und ging hinter ein paar Leuten her auf den Klang der Glocke zu, erfüllt von dem Gefühl, etwas Besonderes zu tun. Einst waren römische Mönche hier gelandet, und die Essenz dessen, was sie mitgebracht hatten, war erhalten geblieben. Eine andere Sprache, die gleichen Worte. Eine andere Zeit, derselbe harsche Fels.

*Cees Nooteboom*

Ein Fremder ist ein Freund, dem man nur noch nicht begegnet ist.

*Irische Volksweisheit*

Sean Winns Welt ist klein, eingefasst in das hölzerne Geviert der Fensterrahmen, deren brandroter Anstrich sich wie dicke Lidstriche vom blendend weißen Verputz des Hauses abheben. Wenn Sean Winn von seinem Eckplatz am Kamin und aus seinem Schaukelstuhl durch die Spitzenvorhängchen schaut und durch das grüne Gewirr der Geranienstängel, dann sieht er ein kurzes Kurvenstück der schmalen Teerstraße von Letterfrack nach Clifden, das von Brombeerhecken gesäumt ist, von Mehlbeerbäumen und Ebereschen. Links und rechts der Hofeinfahrt versperren übermannshohe Fuchsien- und Rhododendronbüsche die Sicht. Aber die Straße kann Sean immer sehen. Manchmal auch die Katze, wenn sie sich im Kies der Hofeinfahrt zusammenrollt. Dann weiß Sean, dass er nicht ganz allein ist. So schaukelt Sean die Minuten und Stunden vorbei und wartet wie eine Spinne am Rande ihres Netzes. Seans Opfer sind die Touristen. Schimpfend und gestikulierend stürmt der Mann in den Gummistiefeln, der braunen Hose und dem roten Pullover aus der Tür, kommt mit erhobenen Fäusten drohend näher und sprudelt los: Ob denn der Fremde nicht soviel Höflichkeit besitze, um die Erlaubnis einzuholen, das Cottage zu fotografieren. Hier sei Privatbesitz. Der sei zu respektieren. Ob denn in dem Land, wo der Fremde herkomme, solche Sitten herrschten. Die Höflichkeit verlange doch ... Aber für ein Pfund Entgelt dürfe der Fremde weiterfotografieren. Gut, Sean, ein Pfund.

Aber auf dieses Geschäft, *please*, müsse angestoßen werden. Mit Cider aus der Zwei-Liter-Flasche. Und dann erzählt Sean am Kamin, in dem der Torf glüht und über dem der Teekessel hängt, die Geschichte seiner Wegelagerei und wie er darauf gekommen ist. Eines Tages, es war in diesem Sommer, rollte ein Bus mit amerikanischen Touristen vorbei. Die riefen hinter den getönten Fensterscheiben »Oh, how lovely«, und dann wollten alle die Idylle mit der Katze und den rot gestrichenen Tür- und Fensterrahmen knipsen. Und Sean sollte sich vor seinem Haus postieren wie ein irischer Gartenzwerg. Da sagte Sean »just for fun«, die Amerikaner sollten zahlen. Ein Pfund pro US-Nase. Und die Amerikaner zahlten anstandslos. Als die schnatternde Touristenschar verschwunden war, zählte Sean über 100 Pfund in seinen Händen. Oh heiliger St. Patrick, welch ein Segen!

Aber was hilft das viele Geld gegen die Einsamkeit in dem weiß verputzten Cottage an der Straße von Letterfrack nach Clifden? »Ja«, sagt Sean, »eine Frau wäre gut, am besten eine aus Deutschland.« Seit die Mutter tot ist, ist die Stille noch unerträglicher geworden in der Küche, die mit Mickey-Mouse-Heftseiten tapeziert ist. Der Papst lächelt tröstend von den Wänden, die heilige Maria auch, über dem Fußboden aus Feldsteinen flirrt das Sonnenlicht im leichten Rauch des Torffeuers. So muss doch das Klischee-Irland sein, arm aber glücklich. Die Muscheln auf dem Tisch wollte Sean noch schnell wegräumen. Aber da hatten die Fremden das traditionelle Arme-Leute-Essen der Iren schon gesehen …
Es gibt viele Sean Winns in Connemara, das die Touristen so lieben, weil es so anders ist, so kärglich und arm und doch von einer großartigen Landschaft, die voller Farben ist. Die Reiseführer, alle, sagen, hier sei alles »faszinierend«, »ursprünglich«, »unberührt«, »einsam« und »wild«. Mit diesen Adjektiven kann Sean Winn wenig anfangen.
Dann, Sean Winn, geh wenigstens nach Clifden, in die kleine Stadt, wo die Pubs und bei Nacht die hellen Schaufenster und die warmen Mädchen sind. Aber das

alles müsste bezahlt werden. Mit einem Lohn für Arbeit. Aber Arbeit gibt es wenig in Clifden. Und so sagt Sean Winn wie viele andere seiner Landsleute aus Connemara auch: »I have to like it« – das kalte, kleine Cottage, das nur für Touristen romantisch ist, die Einsamkeit an der Straße, die Leere in der Brust, wenn die frühen Abende kommen und die langen Nächte, die Sean in Letterfrack im Pub verbringt. Dann radelt er schwankend nach Hause – *God help him* und alle anderen Heiligen auch. Am nächsten Morgen wird Sean zu den Touristen sagen: »It was a long, long night«, und er wird ihnen ein Pfund abknöpfen für die Fotos, und die meisten werden gar nicht merken, dass Sean eigentlich nur ein Gespräch und kein Geld will. Denn viele Gläser Cider und viele Tassen Tee und Brot für den Gast kosten mehr als ein Pfund. Irische Wegelagerei, die Gastfreundschaft ist. »Fahrt zurück über Clifden und Letterfrack«, bittet Sean, »dann werde ich am Abend Tee kochen.« Wir versprachen es und wussten, dass wir es nicht halten würden.

*Rainer Schauer*

Als Gott die Zeit machte, hat er genug davon gemacht. Zweifellos, beim Gebrauch der Zeit herrschen sowohl Verschwendung wie Ökonomie, und paradoxerweise sind die Zeitverschwender auch die Sparsamen, denn sie haben immer Zeit, wenn man ihre Zeit beansprucht: um schnell jemand zum Bahnhof oder ins Krankenhaus zu bringen; so wie man Geldverschwender immer um Geld angehen kann, sind die Zeitverschwender die Sparkassen, in denen Gott seine Zeit verbirgt und in Reserve hält, für den Fall, dass plötzlich welche gebraucht wird, die einer von den Zeitknappen an der falschen Stelle ausgegeben hat.

*Heinrich Böll*

Wenn meine Landsleute sich auf eine kleine Reise irgendwohin begeben, sei es zu einem Pferderennen oder Fußballspiel andernorts, sei es, um eine Ruine zu besichtigen oder an einem Kongress, einer politischen Versammlung, Beerdigung oder Hochzeit teilzunehmen – mit anderen Worten: wenn eine Gruppe meiner Landsleute sich zu irgendeinem Zweck über den Drei-Meilen-Radius von Frau und Familie hinausbegibt, dann verwandelt sich ihre Reise unterderhand in eine Zechtour, und sie vergessen den Zweck ihrer Fahrt, falls diese überhaupt irgendeinem Zweck galt, außer dem Vorwand, über den Drei-Meilen-Radius von Frau und Familie hinauszugelangen.

*Liam O'Flaherty*

Wenn dieses Land Gesichter zeichnet, werden nicht selten großartige Gemälde daraus.

*Reinhard Ulbrich*

Mein Vater und meine Mutter hätten in New York bleiben sollen, wo sie sich kennengelernt und geheiratet haben und wo ich geboren wurde. Stattdessen sind sie nach Irland zurückgekehrt, als ich vier war und mein Bruder Malachy drei, und die Zwillinge Oliver und Eugene waren eben gerade ein Jahr alt, und meine Schwester Margaret war tot und weg.
Wenn ich auf meine Kindheit zurückblicke, frage ich mich, wie ich überhaupt überlebt habe. Natürlich hatte ich eine unglückliche Kindheit; eine glückliche Kindheit lohnt sich ja kaum. Schlimmer als die normale unglückliche Kindheit ist die unglückliche irische Kindheit, und noch schlimmer ist die unglückliche irische katholische Kindheit.

*Frank McCourt*

*Das Kind der Bettlerin*

Mavourneen, wir gehen weit weg
aus dem Netze der krummen Stadt,
wo man uns das Licht des Tages wehrt.

Um meinen Hals nun leg
fest deine Ärmchen braun,
Mavourneen, wir gehen weit weg
aus dem Netze der krummen Stadt.

Was werden wir hören am Weg?
Das Rascheln von Flügeln auf und ab, sagt das Kind,
in Nestern, wo die Vöglein sind.

Mavourneen, wir gehen weit weg
aus dem Netze der krummen Stadt,
wo man uns das Licht des Tages wehrt.

*Padraic Colum*

*Heimwärts*

Nun fliegen die Krähen heim, die Krähen, hoch
Zu Caffreys Wald durch Schäfchenwolkenhimmel;
Die Jungen schwatzen von großen Adlern,
Gemeldet aus dem Westen der Welt
Von der weisen Krähe zu Clones.

Es ist Nacht –

Die Fledermaus löst Krähe und Schnepfe ab
Vom Wachdienst des niederen Himmels.
Ein Schuster zieht seine Schürze aus und legt
Seine Brille neben einen Ballen Hanf beiseite.
Die Frösche grunzen im Sumpf
Und schaukeln den Moorpfad unter
den torkligen Füßen des halbtrunkenen Dienstburschen;
Gespensterangst liebkost schaurig sein rotes Haar
Denn ihm fällt ein, dass der Leichenzug
Eines Mannes, der im März starb,
Hier dem längeren Weg gefolgt war,
Und das unter dem Leichenwagen der Weg
Schaukelte, so wie er jetzt schaukelt –

Heim, heim
Eine lange Reise

*Patrick Kavanagh*

Stunde um Stunde kann ich an Irland denken, ich kann mir ziemlich genau vorstellen, was in jedem dieser kleinen Städtchen bei Tag oder bei Nacht passiert, kann die gepflügten Felder sehen und die von Mauern umgebenen Gärten, den verschütteten Bierschaum auf den Schanktischen, ich höre Streitgespräche und Balladen, das Wandlungsglöcklein und die Gebete für die Toten. Ich könnte fast zu jeder Stunde sagen, was jeder meiner Freunde gerade macht, so gleichförmig ist der Lebensrhythmus dort. Ich schlage ein Buch auf, vielleicht ein Schulbuch oder ein Buch über Aberglauben oder eins mit Ortsnamen, und ich brauche nur die Namen Ballyhooly oder Raheen zu lesen, um wieder in diese Welt einzutauchen, von der ich solchen Reichtum und solchen unsäglichen Kummer erfahren habe. Die Tinkers von Rathkeale werden wohl gerade zu ihren Siedlungen zurückfahren, und die Frau, die in ihrem Wohnwagen wahrsagt, wird ihr Kind in den Ort schicken, um den zehnten Laib geschnittenen Brotes zu holen, während ein oder zwei Meilen weiter eine Lady Sowieso auf ihrem Gut gerade ihrem Reitknecht erzählt, wie sie schon wieder ihr Pferd zu Schaum geritten hat, und an einer Tür in einer Stadt baumelt eine schwarze Kreppschleife an einem Türklopfer, mit einer schwarzumrandeten Karte daran, auf der handgeschrieben steht, wann und wo die sterblichen Reste beigesetzt werden, während die abstoßenden kahlen Bungalows wie Pilze den Stadtrand säumen. Die Männer werden wie immer versuchen, sich von ihrem Schicksal zu distanzieren, entweder durch Alkohol oder durch schmutzige Geschichten, und die älteren Frauen werden ganz von dem Wissen um ihre niederdrückende Bürde erfüllt sein, während die jungen Mädchen plappern, um Zerstreuung zu suchen.

Es stimmt, dass die Heimat unsere Kindheit wie eine Kapsel umschließt, und jene Feldwege, Kuhställe, Wiesen, Blumen, Insekten, Sonnen, Monde und Sterne erscheinen immer wieder neu und peinigen mich mit der Aussicht auf einen goldenen Schlüssel, der mich über die Geburt hinaus zu den Wurzeln meiner Abstammung führt. Irin? Wahrhaftig, ich möchte nichts anderes sein. Irisch ist ein Wort für eine Geisteshaltung – ebenso wie für ein reales Land. Es bedeutet, mit anderen Nationalitäten im Hader zu liegen, eine ganz andere Philosophie über Freude, Strafe, Leben und Tod zu haben. Wenigstens lässt es einen nicht kleinmütig sein.

Irland bedeutet für mich Augenblicke seiner Geschichte, seiner Landschaft, ein paar Leute, die seine seltsame Beschaffenheit verkörpern, die Züge eines Gesichts, einen lauten Ruf, eine Zeile aus einem Stück von Synge, der Hauch der Nachtluft – aber es ist ein Irland, unsubstanziell wie die Göttinnen, von denen Dichter träumen und die sie in seltsame Gefilde entführen. Ich lebe nicht in Irland, denn irgendetwas warnt mich, dass ich, wenn ich dort lebte, aufhören könnte zu fühlen, was es heißt, ein solches Erbe zu besitzen, dass ich gelassen werden könnte, wo ich doch in Wirklichkeit immer wieder und aus unerklärlichen Gründen diesen selben Weg aufs neue verfolgen möchte, diesen schneidend scharfen Weg der Kindheit, in der Hoffnung, irgendeinen Hinweis zu finden, der den Sprung möglich machen wird oder machen würde oder machen könnte, der einen wieder zurück zu seinem Ausgangspunkt und ursprünglichen Bewusstseinszustand bringt, zu der radikalen Unschuld im Augenblick gerade vor der Geburt.

*Edna O'Brien*

Manchen lieben Tag war Mary auf der Halbinsel gewesen und hatte die Wolle von den Ginsterbüschen gelesen. Es waren Flocken, wie sie die Schafe vor der Schur verloren. Wenn sie soviel beisammen hatte, wie in den Korb hineinging, dann trug sie es an den Kanal und wusch es. Nach dem Waschen war es ein weiches, weißes, seidiges Wollhäufchen. Das tat sie wieder in den braunen Weidenkorb und drückte es mit ihren langen, feinen Fingern zusammen.

Einmal, als sie schon aufgestanden war und gehen wollte und den Korb auf ihre Hüfte stützte, wanderten ihre Augen die schmale Wasserader entlang, die sich da durchs Moor schlängelte. Aber sie konnte das braune Gewässer nicht sehr weit mit den Blicken verfolgen, denn das Tageslicht schwand schon. Ein Schleier hing über dem großen Moor, das sich ringsumher nach allen Seiten ausbreitete.

Aus dem Dunst an der engsten Stelle des Kanals tauchte ein Boot auf. Zuerst schien es noch sehr weit weg zu sein, und es sah aus, als käme es in einer Wolke näher. Das weiche, rosige Licht, das über den Himmel stieg, fing auch das Boot ein und ließ es aufglühen wie mattes Gold. Langsam kam es daher, von einem einzigen Pferd gezogen, und sah im Dämmerlicht aus wie eine goldene Barke. Mary legte ihren Kopf mit dem braunen Haar ein wenig auf die Seite und beobachtete, wie das Boot sachte weiterglitt. Das Pferd schritt wacker auf dem Uferpfad voran, und sein geduldiger Kopf nickte bei jedem Schritt. Ein Kranich stieg aus dem Moor auf, flog mit trägem Flügelschlag über das Kielwasser des Bootes und verlor sich im Dunst.

Die Gestalt, die dem langen Steuerruder in jeder Bewegung folgte, war zuerst nur undeutlich zu sehen, und Mary fand, es müsse schön sein, so auf die Ruderpinne gestützt hin- und herzuschwingen und eine goldene Barke durch die Dämmerung zu steuern.
Plötzlich bemerkte sie, dass das Boot ja schon viel näher gekommen war. Sie konnte die Menschen darauf deutlich unterscheiden, vor allem den schlanken Mann am Steuerruder. Und sie konnte auch das Seil erkennen, das vom Boot zum Pferd reichte und sich abwechselnd spannte und dann erschlaffte. Einmal schlug es klatschend aufs Wasser, und ein kleiner Silberstrahl spritzte auf. Sie sah auch die Peitsche, die der Treiber unter dem Arm hielt, und bald konnte sie jeden Schritt des schweren Pferdes zählen und staunte über seine dicken, zottigen Fesseln. Doch immer wanderten ihre Augen wieder zu der Gestalt am Steuerruder.
Sie trat ein wenig zurück und ließ die goldene Barke an sich vorübergleiten. Diese kam aus einer fremden, fernen Welt und zog wieder in eine andere, unbekannte Welt. Ein Mann mit rotem Gesicht saß schläfrig im Bug. Mary lächelte und nickte ihm zu, doch er rührte sich nicht. Er sah sie wohl nicht; vielleicht schlief er. Der Treiber, der neben dem Pferd einherschritt, hielt den Kopf gesenkt und die Augen am Boden geheftet. Er blickte nicht auf, als er vorüberkam. Mary sah, wie sich seine Lippen bewegten, und hörte ihn leise vor sich hin reden; vielleicht betete er. Er hatte ein zusammengezogenes, verwachsenes Körperchen und musste doch mit dem Pferd Schritt halten.
Und dann spürte Mary den Blick des Mannes am Steuer. Sie hob die Augen.
Das Licht war unscharf, und die Schirmmütze warf einen Schatten über sein Gesicht. Sein Körper war jugendlich und schlank. Er lächelte, als sie

aufsah, und seine Zähne blitzten. Dann war das Boot vorübergefahren. Mary hatte das Lächeln nicht erwidert. Sie war einen Schritt zurückgetreten und dort still stehen geblieben. Einmal schaute er sich noch nach ihr um und griff linkisch an seine Mütze, aber sie rührte sich nicht. Als das Boot sich etwas weiter entfernt hatte, setzte sie sich ans Ufer, neben sich den Korb mit Wolle und blickte der goldenen Barke nach, bis sie im Dämmer verschwand. Sie blieb noch einige Zeit dort und sann ins Schweigen des Moores. Als sie sich endlich erhob, war der Kanal ihr zu Füßen klar und kühl. Sie schaute hinein. Ein blasser junger Mond lag schimmernd auf dem Wasser.

Mary stand oft vor der Tür ihrer Hütte und beobachtete die Boote, die wie schwarze Schnecken auf der schmalen Wasserstraße durch das Moor krochen. Doch jetzt waren es nicht nur lauter schwarze Schnecken, jetzt war eine goldene Barke dabei. Immer, wenn sie sie sah, lächelte sie, und ihre Augen ruhten auf der Gestalt, die am Steuerruder stand.

Eines Abends, als sie am Kanalufer entlangging, fuhr die goldene Barke vorüber. Das Licht war klar und hell. Es zeigte ihr jede teerbefleckte Planke auf dem derben Schiffsrumpf, doch dadurch büßte es in Marys Augen nichts von seiner Schönheit ein. Der kleine verkrüppelte Treiber schritt mit gesenktem Kopf flüsternd neben dem Pferd einher. Der Mann mit dem roten Gesicht lehnte sich über die Schiffswand und schwang einen am Seil befestigten Eimer über Bord, um Wasser heraufzuholen. Mit eintöniger Stimme sang er ein altes Volkslied. Ein hagerer schwarzer Mann stand neben dem Schornstein und sah versunken geradeaus. Marys Augen wanderten zum Steuer.

Verlegen trat sie zurück, als sie das Gesicht wiedersah. Sie versteckte sich halb hinter einem Weißdorn, der einsam und allein am Ufer stand. Er war blütenübersät. Weiße Blütenblättchen regneten auf sie nieder, als sie die Zweige streifte. Sie hingen wie ein Kranz in ihrem Haar. Er hob die Mütze und lächelte. Mary hatte nicht gedacht, dass sein Gesicht so knabenhaft und kühn sei. Endlich lächelte sie zaghaft. Sein Gesicht leuchtete auf, und wieder fasste er an die Mütze.

Der rotgesichtige Mann, in der Hand den Eimer, stand neben der Luke, die unter Deck führte. Er sah auf Mary und dann auf die Gestalt am Ruder.

»He! Michael!«, rief er spöttisch. Der junge Mann wandte sich wieder dem Boot zu, und Mary fühlte, wie ihr die Röte in die Wangen stieg.

»Michael!« Mary wiederholte den Namen leise. Die Götter hatten eins ihrer großen Geheimnisse enthüllt.

Sie blickte der goldenen Barke nach, bis die zwei rechteckigen Schlitze im Heck wie zwei kleine japanische Augen aussahen. Dann hörte sie ein Horn blasen. Es war das Horn, mit dem die Schleusenwärter vom Nahen des Bootes verständigt wurden. Doch die nächste Schleuse lag noch eine Meile entfernt. Überdies war es ein langer, sanfter Ton, der jetzt erklang, und nicht der scharfe, kurze Kommandoruf, mit dem sie den Schleusenwärtern riefen. Mary lauschte dem langgezogenen Ton und lächelte vor sich hin. Von da an ertönte das Horn immer so, wenn das Boot an dem einsamen Weißdorn vorbeifuhr.

Eines Tages, als Mary mit ihrem Korb zum Markt im fernen Dorf unterwegs war, entdeckte sie beglückt, dass die Barke in der Schleuse lag. Ein wenig zaudernd blieb sie stehen. Michael erkannte sie, und seine Augen hießen sie willkommen.

»Willst du nach Bohermeen?«, fragte das Rotgesicht.

»Ay, nach Bohermeen«, antwortete Mary.

»Wir können dich bis zur nächsten Schleuse mitnehmen«, erwiderte er, »das kürzt dir den Weg ein gutes Stück ab. Komm herüber!«
Mary zögerte, als er ihr seine große Hand entgegenstreckte, um ihr aufs Boot zu helfen. Er bemerkte ihr Zaudern und rief Michael.
»Komm her, Michael«, sagte er.
Michael kam näher und reichte ihr die Hand. Mary nahm sie und schwang sich ins Boot. Das Rotgesicht lachte ein wenig. Sie sah, dass der hagere schwarze Mann, der neben dem krummen Schornstein stand, die Augen nicht abwendete von der langen Wasserstraße. Der Treiber am Ufer redete dem Pferd zu, aufzubrechen. Das Tier nahm alle Kraft zusammen, und die Muskeln strafften sich unter dem Fell, als es den ersten Ruck tat. So glitten sie aus der Schleuse.
Von einer Schleuse bis zur nächsten war es eine halbe Meile. Michael hatte sie gebeten, neben ihm am Steuerruder zu bleiben. Einmal sah sie zu ihm auf und fand, dass sein Gesicht scheu und doch sehr kühn war, das kühnste Gesicht, das je von der weiten Welt hierher ins Moor gekommen war. Sooft Mary von nun an Zeit hatte, machte sie immer einen Abkürzer durchs Moor zur Schleuse. Sie sprang aufs Boot hinüber und reiste mit Michael auf der goldenen Barke. Als sie auch einmal durchs Moor zogen, ließ Michael etwas in ihre Hand gleiten. Es war ein seltsames Schmuckstück, das funkelte wie Gold.
»Ich habe es von einem ausländischen Matrosen bekommen«, sagte er.
Als sie ein andermal auf dem Boot waren, standen sie plötzlich in gläsernen Wänden von Regenschauern, wie sie so oft über das Moorland fegten. Der schwarze Mann und das Rotgesicht stiegen in die Luke. Mary sah sich lachend um. Aber Michael hielt seinen großen Regenmantel für sie offen. Sie schlüpfte hinein, und er wickelte sie ein. Der Regen pras-

selte auf sie nieder, doch sie blieben stehen, und Michael hielt sie in dem großen Mantel fest umschlungen. Sie lächelte ängstlich.
»Du wirst ganz nass«, sagte sie.
Michael antwortete nicht. Sie sah, wie sich sein kühnes Gesicht über sie senkte. Sie schmiegte sich ein wenig an ihn und spürte, wie seine starken Arme sie umschlossen. Die goldene Barke segelte durch alle leuchtenden Meere der Götter.
Nach einer Weile sagte Mary: »Michael, ist es nicht herrlich?«
»Das weite Meer ist herrlich«, antwortete Michael. »Ich muss immer an den weiten Ozean denken, wenn wir durchs Moor fahren.«
»Das weite Meer?«, sagte Mary furchtsam. Sie hatte das Meer noch nie gesehen.
Der Regen ließ nach, und als die beiden Männer aus der Luke stiegen, standen Mary und Michael am Steuer.
Danach ging Mary eine Zeit lang nicht zu der Schleuse. Sie musste beim Urbarmachen des Landes helfen. Einmal erklang das Horn spät in der Nacht. Es tönte lange und sehr sanft und tief. Mary setzte sich im Bett hoch und lauschte; ihr Mund stand leicht offen, und sie dachte an Michael auf der goldenen Barke. Dann hörte sie, wie der Klang in der Ferne erstarb. Sie legte sich aufs Kissen zurück und nahm sich vor, zu Michael zu gehen, wenn das Boot auf der Rückfahrt war.
Die Gestalt, die auf der Rückfahrt am Steuerruder stand, war nicht Michael. Als Mary an die Schleuse trat, gab das Rotgesicht gerade das Seil aus, und dort, wo sonst Michael gewesen war, stand ein fremder kleiner Mann mit einem verkniffenen, pockennarbigen Gesicht.
Nachdem das Rotgesicht sein Seil am Schleusenpoller vertäut und das Boot zum Stehen gebracht hatte, wandte er sich an Mary.

»Michael ist fort«, sagte er.
»Fort?«, wiederholte Mary.
»Ay!«, bestätigte der Mann. »Im Dock, wo der Kanal aufhört, hat er immer mit den fremden Matrosen gesprochen. Und seine Augen hingen an den hohen Masten der Schiffe. Ich habe es gleich gedacht, dass er zur See gehen würde.«
Mary blieb stehen, solange die goldene Barke in der Schleuse lag. Sie sah aus wie ein Spielzeugschiff in einem Holzkästchen.
»Er geht mit einem Dreimaster«, sagte das Rotgesicht, ehe sie abfuhren. »Ich sah, wie er gestern abend nach See zu lag. Michael will das Rauschen der vollen Segel über sich hören. Es steckte ihm im Blut, die Meere zu befahren. Wildes Korsarenblut!« Und er musterte die schmale Wasserrinne, die vor ihm lag.
Mary sah, wie sich die goldenen Barke mit der grotesken Gestalt am Steuerruder entfernte. Sie stand und stand, bis unter ihr ein blasser Mond erglänzte, und ihre Finger spielten mit einem kleinen Schmuckstück. Schließlich ließ sie es ins Wasser fallen. Es spritzte ein wenig, und das klare Bild des Sichelmondes zersplitterte.

*Seumas O'Kelly*

Schneefall in ganz Irland. Schnee fiel überall auf die dunkle Zentralebene, auf die baumlosen Hügel, fiel sacht auf den Bog of Allen, und, weiter gen Westen, fiel er sacht in die dunklen aufrührerischen Wellen des Shannon. Er fiel auch überall auf den einsamen Friedhof oben auf dem Hügel, wo Michael Fury begraben lag. Er lag in dichten Wehen auf den krummen Kreuzen und Grabsteinen, auf den Speeren des kleinen Tors, auf den welken Dornen. Langsam schwand seine Seele, während er den Schnee still durch das All fallen hörte, und still fiel er, der Herabkunft ihrer letzten Stunde gleich, auf alle Lebenden und Toten.

*James Joyce*

Wer heute durch die Republik fährt (ich habe insgesamt 15000 Kilometer in ihr zurückgelegt), der kann nach der äußeren Erscheinung eher den Eindruck haben, er durchquere ein Land von erklecklichem Wohlstand. Überall sind neue Häuser gebaut oder alte restauriert worden, oft genug von zweifelhaftem Geschmack und allem kleinbürgerlichen Dekorum, Gartenzwerge eingeschlossen. Aber selbst wenn der Kreditrahmen bis zum Äußersten ausgereizt sein sollte, mit dem Cottage-Image von einst bis tief hinein in die zweite Hälfte unseres Jahrhunderts hat das Irland unserer Tage nichts mehr gemein.
Und geschaffen hat all das die Einbindung Irlands in »Europa«, seit seinem Eintritt 1973 in die EWG, heute EU, und das ist großartig ... Richtig, dass man überall auf Eigenschaften stößt, die gern und nicht zu Unrecht als irische bezeichnet werden ... Und dennoch sind die Warnungen ernst zu nehmen, dass die Iren in den letzten zwanzig Jahren zunehmend materialistischer geworden sind, unverbindlicher untereinander und geldorientierter, und dass die Kriminalität dabei ist, ihre städtischen Grenzen zu sprengen und sich bis in die letzten Schlupfwinkel auf dem Land auszubreiten ... Wahr ist, dass die große Wettermaschine Atlantik in Irland eine Luftreinheit zaubert, von der wir nur träumen können, aber auch, dass das Grundwasser gefährdet ist und viele Seen ebenso.
Ja, ich fürchte den Einzug der Moderne und ihre einebnende Technokraft und habe gleichzeitig doch großes Vertrauen in die Beständigkeit des irischen Volkscharakters, mag es an den Rändern auch Einbußen geben. Je tiefer ich in mich hineinhorche, je länger ich in diesem Land

bin, desto sicherer werde ich, dass die Rede von etwas Unzerstörbarem ist. Das ist das Grundgefühl, seit ich vor 25 Jahren zum ersten Mal nach Irland kam, aber nie war es so stark wie diesmal.
Auf meinen Reisen durch die Welt hat es lange Strecken gegeben, auf denen mich die Begegnung mit Menschlichkeit erstaunte, weil sie das Untypische war. In Irland dagegen habe ich mich an sie wie in keinem anderen Land als das Typische gewöhnt.
Warum hat sich gerade ein so grausam behandeltes Volk wie das irische soviel Sensibilität erhalten? Soviel Bereitschaft, zuzuhören, sich mitzuteilen, Rat zu geben, unverwüstlich Humor zu wahren?
Meine Suche nach dem Schlüssel dafür endet regelmäßig bei der Erkenntnis: Eben weil die Geschichte die Iren so grausam behandelt hat, haben sie daraus den Umkehrschluss gezogen.
Soll damit etwa unterschlagen werden, dass es hier, wie überall, Räuber, Diebe, Mörder, Sittlichkeitsverbrecher, Politgangster, uneinsichtige Priester und eine durchaus menschenfeindliche Konfessionalität gibt?
Tue ich das? Natürlich nicht.
Aber bei aller Kritik, ohne Scheuklappen und mit hochgeschobenem Visier – es bleibt wahrlich genug, um dieses Irland zu preisen, von ihm hingerissen zu sein, es zu bestaunen und zu lieben!

*Ralph Giordano*

Heinrich Böll – »Der Regen« – »Als Gott die Zeit machte«. Textauszüge aus: *Irisches Tagebuch*. München neu durchgesehene Aufl. 1997 (dtv 1). S. 61, 65–66. © 1957, 1988, 1996, 2000. Kiepenheuer & Witsch Verlag, Köln.

Joseph Campbell – »Tage«. Aus: *Irische Harfe. Gedichte vom achten Jahrhundert bis zur Gegenwart*. Aus dem Gälischen und Anglo-Irischen übertragen von Hans Trausil. Mit einer Einführung von Padraic Colum. Ebenhausen 1957. S. 104–105. © Langewiesche-Brandt, Ebenhausen 1957.

Padraic Colum – »Man sagt von Schottland« – »Das eigentliche Erbe« – »Das Kind der Bettlerin«. Textauszüge aus: *Irische Harfe. Gedichte vom achten Jahrhundert bis zur Gegenwart*. Aus dem Gälischen und Anglo-Irischen übertragen von Hans Trausil. Ebenhausen 1957. S. 11, 12, 76. © Langewiesche-Brandt, Ebenhausen 1957.

Friedrich Engels – »Das Wetter«. Textauszug aus: Karl Marx u. Friedrich Engels, *Irland. Insel im Aufruhr*. Berlin 1975.

»Das Geheimnis Amergins«. Aus: *Irische Harfe. Gedichte vom achten Jahrhundert bis zur Gegenwart*. Aus dem Gälischen und Anglo-Irischen übertragen von Hans Trausil. Mit einer Einführung von Padraic Colum. Ebenhausen 1957. S. 15. © Langewiesche-Brandt, Ebenhausen 1957.

Ralph Giordano – »Sag einfach Paddy zu mir« – »Statt eines Nachworts«. Textauszug aus: *Mein irisches Tagebuch*. München 1999 (dtv 36110). S. 39–42, 226–227. © 1996 Kiepenheuer & Witsch Verlag, Köln.

Moritz Hartmann – »Die Sage vom Elfenkönig O'Donoghue«. Aus: G. Erler, *Streifzüge und Wanderungen. Reisebilder von Gerstäcker bis Fontane*. München 1979.

Seamus Heaney – »Die Liebenden von Aran« – »Vom Graben«. Aus: *Ausgewählte Gedichte. Selected Poems 1965–1975*. Übertragung u. Nachwort v. Henriette Beese. Stuttgart 1984. S. 9–11, 37. This Selection © Seamus Heaney 1980. Klett-Cotta, Stuttgart 1984.

A. E. Johann – »Und wer es vermag«. Zitiert in: Birgit Cremer, »Eine Landschaft von Geschichten, Gedichten und Gesängen«. In: *Irland. Poeten & Pubs. Reines Land & weiter Himmel. Ein Reiseratgeber*. Hrsg. v. Klaus Viedebantt. München 1986. S. 204. – »Wo auch immer ich mich aufhielt«. Zitiert in: Fritz Dressler und Roland Hill, *Bucher's Irland*. München u. Luzern 1990. S. 8.

James Joyce – »All Tag hör ich im Schwall der Wasser«. Aus: Georg von der Vring, *Englisch Horn*. S. 207. © 1953, 1962 Kiepenheuer & Witsch Verlag, Köln. – »Schneefall in ganz Irland«. Textauszug aus: *Die Toten. The Dead*. Englisch und deutsch. Deutsche Übertragung von Dieter E. Zimmer. Mit Nachworten v. Richard Ellmann und Eberhard Späth. Frankfurt/M. 1976. S. 63. © Suhrkamp Verlag, Frankfurt/M. 1976.

Patrick Kavanagh – »Heimwärts«. Aus: *Hundsrose. Neue irische Gedichte*. Deutsch von Eva &

Eoin Burke, Friedrich Dannerbauer. Augsburg 1983. S. 129.

»Der Kummer im Herzen eines Mädchens«, notiert von Lady Isabella Augusta Persse Gregory auf den Aran Islands. Aus: Frederik Hetmann. *Hinter der Schwarzdornhecke. Irlands Märchen und ihre Erzähler*. Köln 1986. S. 183–184. © Hans Christian Kirsch.

Laurie Lee – »Nördlich von Galway«. Textauszug aus: *Irische Geschichten*. Ausgew. u. hrsg. v. Manfred Kluge. München 1986. S. 12f.

Fiona Macleod – »Es ist ein Wind, der keinen Namen hat«. Aus: *Irische Harfe. Gedichte vom achten Jahrhundert bis zur Gegenwart*. Aus dem Gälischen und Anglo-Irischen übertragen von Hans Trausil. Mit einer Einführung von Padraic Colum. Ebenhausen 1957. S. 53. © Langewiesche-Brandt, Ebenhausen 1957.

Frank McCourt – »Mein Vater und meine Mutter«. Textauszug aus: *Die Asche meiner Mutter. Irische Erinnerungen*. Deutsch von Harry Rowohlt. München 1996. S. 7–8. © Luchterhand Literatur Verlag, München 1996.

Cees Nooteboom – »Ein Mann setzte sich zu mir«. Zitiert aus: »Inseln im atlantischen Nichts. Die Aran Islands: vom Zauber einer archaischen Welt«. Übers. v. Helga van Beuningen. In: *Merian Irland*. Jahreszeiten Verlag, Hamburg 2000. S. 84. © 2000 Jahreszeiten Verlag, Hamburg.

Edna O'Brien – »Stunde um Stunde«. Textauszug aus: *Mein Irland*. Aus dem Englischen von Momo Schlender. Hamburg 1996. S. 188–191. © 1996 Hoffmann und Campe Verlag, Hamburg.

Tomás O'Crohan – »Am besten gebe ich hier einen kurzen Bericht«. Textauszug aus: *Die Boote fahren nicht mehr aus. Bericht eines irischen Fischers*. Aus dem Englischen v. Annemarie und Heinrich Böll. Göttingen 1988. S. 37–43. © Lamuv Verlag, Göttingen 1988.

John O'Donohue – »Die keltische Weisheit« – »Obwohl ihre Zugehörigkeit still und gewiss ist«. Textauszüge aus: *Landschaft der Seele*. München 2000. S. 51, 64–65. © Deutscher Taschenbuch Verlag, München 2000.

Seumas O'Kelly – »Die goldene Barke«. Aus: *Die schönsten Liebesgeschichten aus Irland. Von G. B. Shaw bis Frank O'Connor*. Hrsg. u. übers. v. Elisabeth Schnack. Zürich 1979. S. 230–235. © 1979 Diogenes Verlag AG, Zürich.

»Rafertys Vision des Todes«, notiert von Lady Isabella Augusta Persse Gregory auf den Aran Islands. Aus: Frederik Hetmann, *Hinter der Schwarzdornhecke. Irlands Märchen und ihre Erzähler*. Köln 1986. S. 186. © Hans Christian Kirsch.

Rainer Schauer – »Sean Winns Welt ist klein«. Textauszug aus: »Im Land der Berge und Hochmoore«. Aus: *Irland. Poeten & Pubs. Reines Land & weiter Himmel. Ein Reiseratgeber*. Hrsg. v. Klaus Viedebantt. München 1986. S. 210–212. © Rainer Schauer.

»Der Schrei des Hirsches«. Aus: John O'Donohue, *Anam Cara. Das Buch der keltischen Weisheit*. Übers. von Giovanni Bandini und Ditte König. München 1997. S. 20. © Deutscher Taschenbuch Verlag, München 1997.

Colm Tóibín – »Im Rausch der Lieder«. Zitiert aus: *Merian Irland*. Jahreszeiten Verlag, Hamburg 2000. S. 114.

Reinhard Ulbrich – »Wenn dieses Land Gesichter zeichnet«. Zitiert aus: *Merian Irland*. Jahreszeiten Verlag, Hamburg 2000. S. 27.

Jacob Venedey – »Aber nie fühlte ich mich in einem Lande«. Textauszug aus: *Irland*. Zweiter Theil. Leipzig 1844.

William Butler Yeats – »Die Seeinsel von Innisfree«. Aus: *Hundert englische Gedichte*. Zweisprachige Ausgabe. Hrsg. und übers. v. Hans-Dieter Gelfert. München 2000. S. 175. © Deutscher Taschenbuch Verlag, München 2000.

Ella Young – »Entbietung«. Aus: *Irische Harfe. Gedichte vom achten Jahrhundert bis zur Gegenwart.* Aus dem Gälischen und Anglo-Irischen übertragen von Hans Trausil. Mit einer Einführung von Padraic Colum. Ebenhausen 1957. S. 69. © Langewiesche-Brandt, Ebenhausen 1957.